Zucchini & Auberginen

so schmeckt der Sommer

> Autorin: Cornelia Schinharl | Fotos: Kai Mewes

Inhalt

Die Theorie

Die Rezepte

Extra

➤ **GU Serviceseiten**

Wunderbar vielseitig

Zucchini und Auberginen sehen verlockend aus und schmecken einfach immer wieder gut. Von unseren Nachbarn am Mittelmeer haben wir gelernt, dass sie sich auf tausend und eine Art jedes Mal neu und anders zubereiten lassen.
Wenn man sie also beim Kochen in den Mittelpunkt stellt, wird das Ergebnis nie langweilig sein, sondern immer wieder ein kulinarisches Erlebnis, das überzeugt.

Auberginen

1 | Herkunft und Sorten

Auberginen sind wie Tomaten, Paprika und Kartoffeln Nachtschattengewächse. Sie heißen auch Eierfrüchte, in Österreich nennt man sie, wie in Italien, Melanzane. Eierfrüchte heißen sie, weil sie ursprünglich viel kleiner waren und weiß oder gelb. Heute werden Auberginen bis zu 30 cm lang und bis zu 1 Kilogramm schwer, in der Regel wiegen sie aber um die 300–500 g. Gelegentlich bekommt man auch besonders schlanke und lange Auberginen oder bauchige mit weißem Rand, die man genauso verwendet wie die »normalen«. Im Asienladen kann man Mini-Auberginen, längliche hellviolette oder sogar grüne Früchte entdecken.

1 *Vielfalt von Größe und Farbe.*

2 | Der Einkauf

Auberginen werden selten ganz reif geerntet, sie entwickeln sich auch nach dem Pflücken. Für die Zubereitung allerdings sollten sie wirklich reif sein, sonst schmecken sie etwas fade. Ihre Haut glänzt dann meist nicht mehr so stark. Wo man die Früchte anfassen darf, kann man die Reife auch mit einem Fingerdruck prüfen: Sie müssen leicht nachgeben. Ist die Frucht schon etwas schlapp oder die Haut nicht mehr purpur, sondern hellviolett, ist sie zu reif. Ebenso wenn das innere Fruchtfleisch samt den Samenkörnern schon braun ist. Ist das Fruchtfleisch noch grünlich, ist die Aubergine unreif und enthält Solanin, das sich allerdings beim Garen abbaut. Kaufen Sie möglichst nur so viele Früchte, wie Sie innerhalb einer Woche verbrauchen. Lagern Sie sie an einem kühlen Ort, aber nicht im Kühlschrank. Und nicht zusammen mit Früchten und Gemüse, die Äthylen abgeben, ein Gas, das die Reifung fördert. Das tun insbesondere Äpfel und Tomaten.

2 *Reifezustand: links überreif, rechts unreif.*

3 | Die Verwendung

Auberginen schmecken gebraten, gegrillt oder frittiert, man kann sie füllen, pürieren, für einen Auflauf in die Form schichten und als Gemüse dünsten. Nur roh sollte man sie nicht verwenden, denn so sind sie schwer verdaulich und das Solanin in unreifen Früchten kann Darmprobleme verursachen. Auberginen vertragen würzige Zutaten wie Knoblauch, Chili oder auch Currymischungen.

Auberginen vorbereiten

Die Früchte unter fließendem kaltem Wasser waschen und anschließend abtrocknen.
Den Stiel mit dem Blätterkranz abschneiden und am unteren Ende eventuell auch den Blütenansatz kappen.
Die Schale sollte man möglichst mitverwenden, denn in ihr steckt viel von dem feinen Aroma.
Wenn sie geschält werden soll, geht das am besten mit dem Kartoffelschäler. Reife Auberginen können auch überbrüht werden. Die Haut lässt sich dann wie bei Tomaten abziehen.
Wird die Aubergine wie auf Seite 12 gebacken, die Schale vorher einige Male mit einem Gemüsemesser anstechen.

Auberginen zerteilen

1

Man kann die Früchte längs oder quer in Scheiben und dann in Würfel oder Streifen schneiden oder die Scheiben weiter verarbeiten. Zum Füllen die Früchte einfach längs durchschneiden.

Auberginen aushöhlen

2

Zum Füllen schneidet man das Fruchtfleisch mit einem Messer rautenförmig ein und löst es dann mit einem Messer heraus. Es sollte aber immer ein etwa 1 cm dicker Rand stehen bleiben.

Auberginen einsalzen

3

Früher waren die Früchte leicht bitter, was durch Einsalzen der Scheiben verging. Heute will man ihnen eher Wasser entziehen, v. a., weil sie dann beim Braten nicht so viel Fett aufsaugen.

Zitrone gegen Bräune

4

Damit die ausgetretene Flüssigkeit im heißen Fett nicht spritzt, die Auberginen mit Küchenpapier sehr gut abtupfen. Eventuell mit Zitronensaft einpinseln, dann werden sie nicht so schnell braun.

Zucchini

1 | Herkunft und Sorten

Sie sehen der Gurke sehr ähnlich und sind mit ihr und mit dem Kürbis verwandt. So kommt ihr Name vom italienischen Wort »zucca« für Kürbis. Ursprünglich stammt das Gemüse aus Südamerika, Mexiko und Westindien. Heute wird es vor allem in den Mittelmeerländern angebaut, gedeiht aber auch in unseren Breiten problemlos. Zucchini können bis zu 2 kg schwer werden und ganz verschieden aussehen: gerade oder leicht gebogen, dunkelgrün, hellgrün oder gelb, manchmal gestreift oder gesprenkelt, länglich oder auch rund. Runde Zucchini sind gefüllt sehr attraktiv. Man darf sie aber nicht mit den Rondini verwechseln, die echte Kürbisse sind und eine ziemlich harte Schale haben. Außerdem im Handel: Zucchiniblüten ohne Frucht (das sind immer die männlichen Blüten, die keine Früchte ausbilden) und weibliche Mini-Zucchini (jung geerntete Zucchini) mit der Blüte.

1 Form, Farbe und Größe können ganz unterschiedlich sein.

2 | Einkauf und Lagerung

Zucchini kann man das ganze Jahr über kaufen, Hochsaison aus dem Freiland haben sie im Sommer und Herbst. Die Früchte sollen glatt, unbeschädigt und fest sein. Zucchini kann man im Gemüsefach des Kühlschranks gut 2 Wochen lagern. Auch sie reifen nach, wenn sie mit äthylenhaltigen Früchten wie Tomaten oder Äpfeln gelagert werden.
Zucchiniblüten müssen frisch aussehen. Sie verwelken rasch, also möglichst am Tag des Einkaufs zubereiten.

2 Zucchiniblüten – links die weiblichen und rechts die männlichen

3 | Verwendung

Zucchini kann man auch roh essen, sie schmecken dann leicht nach Nüssen. Man kann sie braten, grillen, schmoren und dünsten, füllen, einlegen oder frittieren. Die Farbe der Schale spielt für den Geschmack keine Rolle, eher schon das Herkunftsland und die Anbaumethoden (Freiland oder Gewächshaus). Am besten sind junge, zarte Früchte, dann sind auch die Kerne im Inneren noch klein. Sehr große sollte man schälen und entkernen. Zucchini schmecken relativ mild und passen zu kräftig schmeckenden Zutaten und zu Säuerlichem wie Tomaten oder Zitronensaft.
Die Blüten werden in Teig frittiert oder gefüllt und im Ofen gebacken.

Zucchini vorbereiten

Zucchini unter fließendem kaltem Wasser waschen und anschließend trockentupfen. An beiden Enden ein Stück abschneiden. Die Zucchini dann je nach Verwendung der Länge nach halbieren oder in Scheiben, Streifen oder Würfel schneiden. Bei jungen Zucchini kann man die kleinen Kerne im weißen Fruchtfleisch mitverwenden, bei größeren die Kerne mit einem scharfen Teelöffel entfernen. Die Haut der Zucchini bleibt dran, sie sorgt für einen intensiveren Geschmack.

Zucchiniblüten vorbereiten

1

Die Blüten ganz vorsichtig unter kaltem Wasser waschen oder nur mit einem feinen Pinsel innen und außen leicht abstauben.

Zucchiniblüten füllen

2

Die Blütenblätter leicht auseinander biegen und den Blütenstempel im Inneren der Blüte herausschneiden. Die Blüten füllen, die Blätter schließen und am Ende leicht zusammendrehen.

Große Zucchini vorbereiten

3

Die Zucchini waschen und längs halbieren, die Schale abschneiden. Quer in große Stücke schneiden und die dicken Kerne wie bei einer Melone mit der Messerspitze herauslösen.

Zucchini füllen

4

Die Zucchini längs halbieren, runde durch die Mitte. Das zarte Fruchtfleisch kann man mit einem scharfkantigen Löffel herauslösen. Immer einen ausreichend dicken (1 cm) Rand stehen lassen.

Schnelle Marinaden

Zitronen-Knoblauch-Marinade:
Für 500 g Gemüse
2 Knoblauchzehen in ganz feine Scheiben schneiden. Die Schale von 1/2 unbehandelten Zitrone in feine Streifen schneiden oder hacken. 2 EL Zitronensaft mit Salz und Pfeffer verrühren, 4 EL Olivenöl unterschlagen. Knoblauch und Zitronenschale untermischen. Marinade über das gebratene Gemüse gießen und mindestens 4 Std. ziehen lassen.

Kräuter-Chili-Marinade:
Für 500 g Gemüse je 1/2 Bund Petersilie und Basilikum und einige Zweige Zitronenmelisse waschen, trockenschwenken und ohne die Stiele fein hacken. 2 rote Chilischoten waschen, putzen und fein hacken. Nach Belieben 2 in Öl eingelegte Sardellenfilets klein schneiden. Kräuter, Chilis, Sardellenfilets und 5 EL Öl mischen. Mit Salz abschmecken und auf dem gegarten Gemüse verteilen. Mindestens 4 Std. marinieren.

Tomaten-Marinade:
Für 500 g Gemüse
2 feste Tomaten waschen und in sehr kleine Würfel schneiden. Die Blättchen von 1 Bund Basilikum abzupfen und in feine Streifen schneiden. Tomaten und Basilikum mit 1 EL Kapern, je 1/2 EL Weißweinessig und Aceto balsamico, Salz und Pfeffer verrühren. 4 EL Olivenöl untermischen und die Marinade über dem gebratenen oder gegrillten Gemüse verteilen. Mindestens 4 Std. durchziehen lassen.

Ingwer-Zitronengras-Marinade:
Für 500 g Gemüse
etwa 2 cm Ingwer und 2 Knoblauchzehen schälen und sehr fein hacken. 1 Stange Zitronengras waschen, alle harten Teile entfernen. Zitronengras waschen und sehr fein hacken. 1 Chilischote waschen, putzen und ebenfalls hacken. Alles mit 4 EL Fischsauce, 2 EL hellem Reisessig und 1 Prise Zucker verrühren und über dem gegarten Gemüse verteilen. Mindestens 4 Std. marinieren.

Gute Begleiter

Kräuter: An erster Stelle stehen Mittelmeerkräuter, denn von den Gerichten aus diesen Ländern sind die meisten Rezepte in diesem Buch inspiriert. Besonders gut passen kräftige Kräuter wie Rosmarin, Thymian, Salbei und Minze.
Kräuter immer waschen und sehr gut trockenschwenken. Und nur die groben Stiele entfernen. Die zarten kann man mit zerkleinern, sie geben ein sehr gutes Aroma.
Petersilie schmeckt als Garnitur auf vielen Gerichten.

Knoblauch: Er sollte so frisch sein, dass er noch keine grünen Triebe in der Mitte hat. Dann schmeckt er fein und intensiv. Ansonsten sollte man die Triebe immer gut entfernen, der Knoblauch schmeckt sonst penetrant. Noch besser schmecken erntefrischer Knoblauch und der mit rosa Häuten. Knoblauch würzt roh stärker als gekocht.

Chili: Frisch oder getrocknet geben Chilischoten dem milden Gemüse Feuer. Getrocknete Chilischoten werden zerstoßen — am besten im Mörser. Wer keinen hat, muss sie mit dem Messer hacken oder mit den Fingern zerkrümeln. Dann allerdings aufpassen, denn die Schärfe haftet auch an den Händen.
Frische Schoten werden gewaschen und gehackt. Ob man Trennwände und Kern mit zerkleinert, hängt davon ab, ob man das Gericht sehr scharf (mit) oder weniger (ohne) haben möchte.

Curry: Für eine exotische Würznote kann man Currypulver oder -paste nehmen. Das Pulver ist immer eine Mischung aus vielen verschiedenen Gewürzen (in jedem Fall Kurkuma für die Farbe). Je nach Sorte kann es mild bis scharf schmecken. Möglichst nicht zu viel kaufen, denn das Aroma der Gewürzmischung wird mit der Zeit schwächer. Die Pasten, die man im Asienladen kaufen kann, sind grün, gelb oder rot und immer scharf. Man kann sie löffelweise dosieren. Die angebrochene Dose immer im Kühlschrank lagern.

Kalt serviert

Soll es eine feine Vorspeise sein? Oder eine Kleinigkeit gegen den schnellen Hunger? Oder haben sich Gäste angekündigt und Sie möchten bei deren Ankunft schon alles fertig haben?

Alle Gerichte in diesem Kapitel lassen sich vorbereiten oder sind im Handumdrehen zubereitet. Viel Genuss, kein Stress!

Blitzrezepte

Kalte Zucchinisuppe

FÜR 4 PERSONEN

➤ **200 g junge Zucchini | 1 Bund Borretsch oder Dill | 1 Bund Schnittlauch 200 g saure Sahne | 300 ml Mineralwasser | Salz | Pfeffer | 2 TL Zitronensaft | 100 g geschälte Nordseekrabben**

1 | Zucchini waschen, putzen und würfeln. Kräuter waschen und trockenschwenken. Borretsch oder Dill von den groben Stielen befreien und mit dem Schnittlauch grob hacken.

2 | Zucchini und Kräuter mit saurer Sahne und Mineralwasser fein pürieren. Mit Salz, Pfeffer und Zitronensaft abschmecken, etwa 1 Std. kühl stellen. Mit Krabben garniert servieren.

Zucchini und Gorgonzola mit Honigsauce

FÜR 4 PERSONEN

➤ **250 g junge Zucchini | 2 EL Olivenöl 100 g Gorgonzola | 1 EL Honig | 1 EL Aceto balsamico | Salz | Cayennepfeffer**

1 | Die Zucchini waschen, putzen und in etwa 1 cm große Würfel schneiden. Das Öl in einer Pfanne erhitzen, die Würfel darin rundherum braun braten.

2 | Inzwischen Käse würfeln. Honig mit Balsamico gründlich verrühren und mit Salz und Cayennepfeffer abschmecken. Zucchini und Käse auf Tellern verteilen, mit Honigsauce beträufeln und mit knusprigem Weißbrot servieren.

zum Mitnehmen

Zucchiniquark mit Tomaten

FÜR 4 PERSONEN

- 2 junge Zucchini (ca. 180 g)
  1/2 Bund frische Minze
  2 feste Tomaten
  250 g Quark
  100 g saure Sahne
  1/2 TL Zucker oder Honig
  Salz
  2 TL Olivenöl
  1/2 TL Harissa (scharfe Paprikapaste)

Zubereitung: 15 Min.
- Pro Portion ca.: 155 kcal

1 | Die Zucchini waschen, putzen und fein raspeln. Minze waschen, die Blättchen abzupfen und in feine Streifen schneiden. Die Tomaten waschen, sehr klein würfeln.

2 | Den Quark mit saurer Sahne, Zucker oder Honig, Salz, Öl und Harissa cremig rühren. Zucchini, Minze und Tomaten untermischen.

- Beilage: (Fladen)Brot, gebratenes/gegrilltes Gemüse, Kartoffeln

gut vorzubereiten

Auberginen-joghurt

FÜR 4 PERSONEN

- 2 Auberginen (ca. 500 g)
  3 Knoblauchzehen | Salz
  150 g Joghurt
  1 TL Paprikaflocken

Zubereitung: 15 Min.
Backzeit: 30 Min.
- Pro Portion ca.: 50 kcal

1 | Den Backofen auf 250° (Umluft 220°) vorheizen. Die Auberginen waschen und auf dem Backblech etwa 30 Min. backen, bis sie weich sind.

2 | Knoblauch schälen und zerdrücken. Auberginen etwas abkühlen lassen, halbieren und das Fruchtfleisch auslösen. Mit dem Knoblauch fein pürieren.

3 | Das Püree mit dem Joghurt mischen und salzen. Abkühlen lassen und mit den Paprikaflocken bestreuen.

- Passt zu: Gegrilltem oder Reis

fürs Büfett

Auberginen-creme

FÜR 4 PERSONEN

- 2 Auberginen (ca. 600 g)
  2 Tomaten
  1 Bund Frühlingszwiebeln
  5 EL Olivenöl
  2 EL Zitronensaft
  Salz | Pfeffer
  1 EL gehackte Petersilie

Zubereitung: 20 Min.
Backzeit: 30 Min.
- Pro Portion ca.: 150 kcal

1 | Backofen auf 250° (Umluft 220°) vorheizen. Auberginen waschen und auf dem Blech in etwa 30 Min. weich backen.

2 | Tomaten und Frühlingszwiebeln waschen und sehr klein schneiden.

3 | Die Auberginen etwas abkühlen lassen, halbieren und das Fruchtfleisch auslösen. Fein pürieren, dabei das Öl dazufließen lassen. Tomaten, Zwiebeln und Zitronensaft untermischen, salzen und pfeffern. Mit Petersilie bestreuen.

im Bild oben: **Auberginencreme** *im Bild Mitte:* **Zucchiniquark mit Tomaten** *im Bild unten:* **Auberginenjoghurt**

für Gäste | schnell

Zucchini-Carpaccio

FÜR 4 PERSONEN

- **300 g junge zarte Zucchini**
  2 EL Zitronensaft
  Salz
  4 EL Olivenöl
  40 g geschälte Mandeln
  50 g Parmesan am Stück
  Pfeffer
  Basilikumblättchen zum Bestreuen

Zubereitung: 15 Min.

- Pro Portion ca.: 215 kcal

1 | Die Zucchini waschen und putzen. Mit dem Gurkenhobel in sehr feine Scheiben hobeln und auf vier Tellern auslegen. Den Zitronensaft mit Salz verrühren, das Öl mit einer Gabel cremig unterschlagen. Die Sauce auf die Zucchini träufeln und etwas ziehen lassen.

2 | Die Mandeln grob hacken und in einer Pfanne bei mittlerer Hitze ohne Fett goldgelb rösten. Die Mandeln auf die Zucchini streuen. Den Parmesan mit dem Trüffelhobel oder dem Gurkenhobel in feine Späne teilen und auf den Zucchini verteilen. Mit Pfeffer übermahlen, mit Basilikum garnieren.

- Beilage: Oliven-Ciabatta
- Getränk: Prosecco oder ein fruchtiger Weißwein

schnell | gelingt leicht

Mozzarella mit Zucchinitatar

FÜR 4 PERSONEN

- **2 junge Zucchini (ca. 200 g)**
  1 frische rote Chilischote
  2 Knoblauchzehen
  1 Bund Basilikum
  1 1/2 EL Zitronensaft
  4 EL Olivenöl
  Salz | Pfeffer
  1 Kugel Büffelmozzarella (ca. 250 g)
  2 TL kleine Kapern

Zubereitung: 20 Min.

- Pro Portion ca.: 245 kcal

1 | Die Zucchini waschen, putzen und grob würfeln. Die Chilischote waschen und von Stielansatz und Kernen befreien. Knoblauch schälen und mit der Chilischote grob hacken. Basilikumblättchen abzupfen. Zucchini, Chili, Knoblauch und Basilikum sehr fein hacken, am besten portionsweise mit dem Zwiebelhacker.

2 | Das Zucchinitatar mit dem Zitronensaft und dem Öl verrühren und mit Salz und Pfeffer abschmecken. Den Mozzarella abtropfen lassen, in dünne Scheiben schneiden und auf einer Platte oder auf vier Tellern auslegen. Zucchintatar in kleinen Portionen darauf verteilen. Mit den Kapern bestreuen.

- Beilage: geröstete Weißbrotscheiben
- Getränk: Prosecco oder ein fruchtiger Weißwein

TIPP

Beide Vorspeisen schmecken am besten mit richtig gutem kaltgepresstem Olivenöl.

im Bild vorne: **Zucchini-Carpaccio** *im Bild hinten:* **Mozzarella mit Zucchinitatar**

preiswert

Bulgur-Gemüse-Salat

FÜR 4 PERSONEN

- 150 g Bulgur
  1 Aubergine (ca. 300 g)
  2 Knoblauchzehen
  1 rote Zwiebel
  8 EL Olivenöl
  Salz | Pfeffer
  4 Tomaten (ca. 300 g)
  1 junger Zucchino
  1 Bund Petersilie
  ein paar Minzeblättchen
  4 EL Zitronensaft

Zubereitung: 40 Min.
Ruhezeiten: 1 Std. 30 Min.
- Pro Portion ca.: 350 kcal

1 | Den Bulgur mit 150 ml heißem Wasser mischen und etwa 1 Std. quellen lassen.

2 | Inzwischen Backofen auf 220° vorheizen. Aubergine waschen und würfeln. Knoblauch schälen und hacken, Zwiebel schälen, in Streifen schneiden. Mit Aubergine, Salz, Pfeffer und 4 EL Öl mischen und im Backofen (Mitte, Umluft 200°) etwa 30 Min. backen.

3 | Tomaten und Zucchino waschen, putzen und sehr klein würfeln. Petersilien- und Minzeblätter fein hacken.

4 | Aubergine mit Tomaten, Zucchino und Kräutern unter den Bulgur mischen. Übriges Öl und Zitronensaft dazurühren, Salat salzen und pfeffern, etwa 30 Min. durchziehen lassen.

- Beilage: Joghurt, mit etwas Kreuzkümmel vermischt
- Getränk: Rotwein

zum Mitnehmen

Zucchini-Walnuss-Salat

FÜR 4 PERSONEN

- 400 g junge Zucchini
  100 g Walnusskerne
  2 Knoblauchzehen
  4 EL Olivenöl
  1 Bund Dill
  1/2 EL Honig
  2 EL Zitronensaft
  150 g Joghurt
  Salz | Pfeffer
  1 TL gemahlener Kreuzkümmel
  1 TL Paprikapulver

Zubereitung: 25 Min.
- Pro Portion ca.: 185 kcal

1 | Die Zucchini waschen, putzen und fein raspeln. Das geht am schnellsten in der Küchenmaschine. Die Walnusskerne fein hacken. Den Knoblauch schälen und ebenfalls fein hacken.

2 | In einer Pfanne 1 EL Öl erhitzen und die Zucchiniraspel darin unter Rühren 1–2 Min. braten. In eine Schüssel füllen.

3 | Den Dill waschen, trockenschwenken, fein hacken und mit Walnüssen und Knoblauch zu den Zucchini geben.

4 | Honig, Zitronensaft und übriges Öl verrühren, mit dem Joghurt unter die Zucchinimischung mengen. Mit Salz, Pfeffer, Kreuzkümmel und Paprika abschmecken.

- Beilage: Fladenbrot
- Getränk: Bier oder ein leichter Rotwein

im Bild vorne: **Zucchini-Walnuss-Salat** *im Bild hinten:* **Bulgur-Gemüse-Salat**

schnell | preiswert

Zucchinisalat mit Oliven

FÜR 4 PERSONEN

- 3 junge Zucchini (ca. 250 g)
  50 g schwarze Oliven (am besten ohne Stein)
  2 Zweige frischer Oregano
  2 EL Zitronensaft
  Salz | Pfeffer
  4 EL Olivenöl

Zubereitung: 20 Min.
- Pro Portion ca.: 120 kcal

1 | Die Zucchini waschen und die Enden abschneiden. Die Zucchini der Länge nach mit dem Gurkenhobel in dünne Scheiben hobeln, dann längs in hauchdünne Streifen schneiden. Oliven ebenfalls in Streifen schneiden, dabei auch von den Steinen befreien. Oregano waschen, trockenschwenken. Blättchen abzupfen und sehr fein hacken.

2 | Zitronensaft mit Salz und Pfeffer verrühren, das Öl unterschlagen. Zucchini, Oliven und Oregano mit der Sauce mischen und auf Tellern anrichten.

- Beilage: Weißbrot
- Getränk: ein fruchtiger Weißwein

gut vorzubereiten

Marinierte Auberginen und Paprika

FÜR 4 PERSONEN

- 2 rote Paprikaschoten
  2 kleinere Auberginen (ca. 550 g)
  2 Knoblauchzehen
  2 EL Zitronensaft
  4 EL Olivenöl
  Salz | Pfeffer
  2 EL schwarze Oliven
  50 g Parmesan am Stück
  1 kleines Bund Rucola

Zubereitung: 40 Min.
Marinierzeit: 4 Std.
- Pro Portion ca.: 195 kcal

1 | Den Backofen auf 250° (Umluft 220°) vorheizen. Die Paprikaschoten und Auberginen waschen und halbieren, Paprika putzen. Die Paprikaschoten mit der Haut nach oben, die Auberginen mit der Haut nach unten auf ein Backblech legen.

2 | Das Gemüse im heißen Ofen etwa 15 Min. backen, bis die Haut der Paprikaschoten Blasen wirft. Die Schoten mit einem feuchten Tuch abdecken und leicht abkühlen lassen.

3 | Den Knoblauch schälen und in sehr feine Scheiben schneiden. Mit dem Zitronensaft und dem Öl mischen, salzen und pfeffern.

4 | Die Paprikaschoten häuten und in Streifen schneiden. Die Auberginen würfeln und Hautstücke, die sich dabei lösen, entfernen. Gemüse mit der Sauce und den Oliven mischen und etwa 4 Std. ziehen lassen.

5 | Den Parmesan hobeln. Die Rucola verlesen, waschen und trockenschwenken. Die Blätter etwas kleiner zupfen, unter das Gemüse mischen und nochmals abschmecken. Das Gemüse auf einer Platte anrichten und mit den Parmesanspänen bestreuen.

- Beilage: Ciabatta
- Getränk: Rosé oder ein leichter Rotwein

im Bild vorne: Zucchinisalat mit Oliven *im Bild hinten:* Marinierte Auberginen und Paprika

gut vorzubereiten

Knusperauberginen

FÜR 4 PERSONEN

- 1 längliche Aubergine (ca. 380 g)
- 6 EL Olivenöl
- Salz | Pfeffer
- 1 Bund Petersilie
- 2 feste Tomaten (ca. 130 g)
- 2 Knoblauchzehen
- 50 g Semmelbrösel
- 50 g Parmesan, frisch gerieben
- Zitronenschnitze

Zubereitung: 25 Min.
Backzeit: 25 Min.
Pro Portion ca.: 250 kcal

1 | Die Aubergine waschen, putzen und quer in 1 cm dicke Scheiben schneiden. Auf das geölte Backblech legen, salzen und pfeffern.

2 | Die Petersilie waschen und fein hacken. Die Tomaten waschen und sehr klein würfeln, dabei von Stielansatz und Kernen befreien. Den Knoblauch schälen und durchpressen. Den Backofen auf 200° vorheizen.

3 | Petersilie mit Tomaten, Knoblauch, Semmelbröseln, Käse und dem übrigen Öl mischen und leicht salzen und pfeffern. Auf den Auberginenscheiben verteilen. Die Auberginen im Backofen (Mitte, Umluft 180°) etwa 25 Min. backen, bis die Bröselhaube schön gebräunt ist. Auberginen lauwarm oder abgekühlt mit Zitronenschnitzen servieren.

- Beilage: Olivenbrot
- Getränk: leichter Rotwein

orientalisch

Auberginen mit Walnüssen

FÜR 4 PERSONEN

- 2 Auberginen (ca. 700 g)
- 6 EL Olivenöl
- Salz | Pfeffer
- 50 g Walnusskerne
- 2 getrocknete Chilischoten
- 2 Orangen
- 4 Stängel frische Minze
- 2 EL Orangenlikör nach Belieben
- 2 TL Honig
- 2 EL Zitronensaft
- 1 Prise Zimtpulver

Zubereitung: 25 Min.
Marinierzeit: 3 Std.
Pro Portion ca.: 235 kcal

1 | Den Backofengrill anheizen. Die Auberginen waschen, putzen und der Länge nach in knapp 1 cm dicke Scheiben schneiden. Auf das geölte Blech legen, mit Öl bepinseln und mit Salz und Pfeffer würzen. Die Auberginen etwa 10 Min. grillen. Dabei einmal wenden und mit dem übrigen Öl bepinseln.

2 | Walnusskerne grob hacken, die Chilischoten zerkrümeln. Die Orangen auspressen. Die Minze waschen, in feine Streifen schneiden.

3 | Die Walnusskerne ohne Fett anrösten. Orangensaft und den Likör dazugeben, Chilis untermischen und alles mit Honig, Zitronensaft, Salz, Pfeffer und Zimt abschmecken. Einmal gut aufkochen lassen, dann über die Auberginen verteilen. Mit der Minze bestreuen, mindestens 3 Std. marinieren.

im Bild vorne: Auberginen mit Walnüssen *im Bild hinten:* Knusperauberginen

Warme Kleinigkeiten

Warm als Vorspeise oder auch einmal als kleine Mahlzeit, Imbiss oder feine Beilage – mit Zucchini und Auberginen lassen sich tolle Gerichte zaubern. Solche, die Gäste beeindrucken und dabei gar nicht viel Arbeit machen. Und auch noch leicht gelingen.

Blitzrezepte

Auberginen-Rucola-Gemüse

FÜR 4 PERSONEN

➤ 2 Knoblauchzehen | 500 g Auberginen
4 EL Olivenöl | 1 kleine Dose geschälte Tomaten (400 g) | Salz | Pfeffer
2 Bund Rucola

1 | Knoblauch schälen und fein hacken. Auberginen waschen, putzen, würfeln und im Öl bei mittlerer Hitze rundherum anbraten. Knoblauch kurz mitbraten. Tomaten kleiner schneiden, mit dem Saft dazuschütten. Salzen, pfeffern und 10 Min. zugedeckt schmoren.

2 | Rucola verlesen, waschen und grob hacken. Unter das Gemüse mischen und zusammenfallen lassen. Es schmeckt zu Fisch, Fleisch, mit Nudeln oder Gnocchi.

Süß-saure Zucchini

FÜR 4 PERSONEN

➤ 500 g Zucchini | 1 große Zwiebel
4 EL Olivenöl | 1 EL Pinienkerne
1 EL Rosinen | 1 TL Fenchelsamen
Salz | Pfeffer | 1 EL Zitronensaft
2 EL gehackte Petersilie

1 | Zucchini waschen, putzen, längs halbieren und in 1 cm dicke Scheiben schneiden. Zwiebel schälen und hacken.

2 | Zucchini im Öl 3–4 Min. anbraten. Zwiebel, Pinienkerne und Rosinen kurz mitbraten. Mit Fenchelsamen, Salz, Pfeffer und Zitronensaft abschmecken und zugedeckt bei schwacher Hitze 5 Min. schmoren. Petersilie darauf streuen.

Spezialität aus Italien

Gefüllte Zucchiniblüten

FÜR 4 PERSONEN

- **1 kleine mehlig kochende Kartoffel (ca. 120 g)**
- **1 kleiner Zucchino**
- **Salz | Pfeffer**
- **12 Zucchiniblüten (eventuell mit kleinen Früchten)**
- **1 Bund Basilikum**
- **4 Zweige frische Minze**
- **1 kleine Tomate**
- **2 Knoblauchzehen**
- **125 g Mozzarella**
- **4 EL Olivenöl**

Zubereitung: 50 Min.
Pro Portion ca.: 195 kcal

1 | Die Kartoffel weich kochen. Den Zucchino waschen, putzen und würfeln. In wenig Salzwasser zugedeckt in 5 Min. weich garen.

2 | Zucchino abtropfen lassen und fein pürieren. Kartoffel ausdampfen lassen, schälen und mit dem Kartoffelstampfer fein zerdrücken.

3 | Die Zucchiniblüten putzen (Seite 7). Falls Früchte an den Blüten sind, diese der Länge nach zweimal ein-, aber nicht ganz durchschneiden.

4 | Den Backofen auf 240° (Umluft 220°) vorheizen. Die Kräuter waschen, fein hacken. Tomate waschen und sehr klein würfeln. Knoblauch schälen und durchpressen. Mozzarella würfeln.

5 | Kartoffel, Zucchinipüree, Kräuter, Tomate, Knoblauch und Käse mischen, salzen und pfeffern. Die Masse in die Zucchiniblüten verteilen, die Blüten zusammendrehen und nebeneinander in eine feuerfeste Form legen. Mit Öl beträufeln, im Ofen (Mitte) etwa 10 Min. backen.

gut vorzubereiten

Kräuter-auberginen

FÜR 4 PERSONEN

- **2 längliche, schmale Auberginen**
- **1 Bund Petersilie**
- **1/2 Bund Minze**
- **4 Zweige frischer Thymian**
- **6 Salbeiblättchen**
- **1 Zwiebel**
- **2 Knoblauchzehen**
- **1 rote Chilischote**
- **2 EL Olivenöl | Salz**
- **125 g Mozzarella**

Zubereitung: 35 Min.
Backzeit: 35 Min.
Pro Portion ca.: 155 kcal

1 | Den Backofen auf 200° (Umluft 180°) vorheizen. Die Auberginen waschen, längs halbieren. Mit den Schnittseiten nach oben auf das Backblech legen und in etwa 20 Min. weich backen.

2 | Kräuter waschen und fein hacken. Zwiebel und Knoblauch schälen, Chilischote waschen und vom Stielansatz befreien. Alles fein hacken.

3 | Zwiebel, Knoblauch und Chili im Öl anbraten. Kräuter unterrühren und zusammenfallen lassen. Salzen.

4 | Mozzarella in Scheiben schneiden. Auberginen salzen. Mit der Kräutermasse bestreichen und mit Mozzarella belegen. Noch 10–15 Min. backen. Warm oder lauwarm servieren.

im Bild vorne: **Kräuterauberginen** *im Bild hinten:* **Gefüllte Zucchiniblüten**

preiswert

Zucchinipuffer

FÜR 4 PERSONEN

- 500 g junge Zucchini
  Salz | Pfeffer
  1 Bund Frühlingszwiebeln
  2 Knoblauchzehen
  1 Bund Dill
  5 EL Mehl | 2 Eier
  50 g Parmesan, frisch gerieben
  1 TL rosenscharfes Paprikapulver
  3 EL Olivenöl

Zubereitung: 1 Std.
- Pro Portion ca.: 235 kcal

1 | Die Zucchini waschen, putzen und fein raspeln. Die Zucchini salzen und 15–30 Min. stehen lassen.

2 | Frühlingszwiebeln waschen, putzen und in feine Ringe schneiden. Knoblauch schälen und fein hacken. Dill waschen, fein hacken.

3 | Die Zucchiniraspel gut ausdrücken. Mit Zwiebelringen, Knoblauch, Dill, Mehl, Eiern und Käse gründlich verrühren. Mit Salz, Pfeffer und Paprika abschmecken.

4 | Das Öl in einer großen Pfanne erhitzen (besser mit zwei Pfannen arbeiten). Aus der Zucchinimasse mit einem Esslöffel Häufchen in die Pfanne setzen und bei mittlerer Hitze 10 Min. braten, dabei einmal wenden.

- Getränk: fruchtiger Weißwein

mediterran

Auberginen mit Joghurtsauce

FÜR 4 PERSONEN

- 2 dickere Auberginen (ca. 700 g)
  4 längliche hellgrüne Paprikaschoten
  6 EL Olivenöl
  Salz
  1 frische grüne Chilischote
  1 TL Kreuzkümmelsamen
  2 TL schwarze Sesamsamen
  2 Knoblauchzehen
  250 g cremiger Joghurt
  1 TL edelsüßes Paprikapulver
  1/2 Bund Petersilie

Zubereitung: 35 Min.
- Pro Portion ca.: 255 kcal

1 | Die Auberginen waschen, putzen und in 1 cm dicke Scheiben schneiden. Die Paprikaschoten waschen, der Länge nach aufschneiden und putzen.

2 | Den Backofengrill anschalten. Auberginen und Paprika auf dem geölten Blech verteilen und mit dem übrigen Öl bepinseln. Salzen und 5 Min. grillen, wenden und nochmals 5 Min. grillen.

3 | Chilischote waschen, putzen und sehr fein hacken. Kreuzkümmel und Sesam in einer Pfanne ohne Fett anrösten, im Mörser etwas zerstoßen. Den Knoblauch schälen und zum Joghurt pressen. Chili, Sesammischung, Paprika und Salz gut unterrühren.

4 | Die Petersilie waschen, fein hacken. Das Gemüse mit der Petersilie bestreuen und mit der Joghurtsauce servieren.

- Beilage: Sesamfladen
- Getränk: Rotwein

Spezialität aus Italien

Gemüsefrittata

FÜR 6 PERSONEN

- **1 Aubergine (ca. 300 g)**
- **6 EL Olivenöl**
- **1 Fleischtomate (ca. 150 g)**
- **2 Knoblauchzehen**
- **1 getrocknete Chilischote**
- **4 Zweige frischer Rosmarin**
- **3 Zweige Basilikum**
- **8 Eier**
- **2 EL frisch geriebener Hartkäse**
- **Salz | Pfeffer**

Zubereitung: 1 Std.

➤ Pro Portion ca.: 235 kcal

1 | Die Aubergine waschen und klein würfeln. In 4 EL Öl bei mittlerer Hitze unter Rühren etwa 5 Min. braten.

2 | Inzwischen Tomate häuten und in kleine Würfel schneiden. Knoblauch schälen und mit der Chilischote fein hacken. Rosmarin waschen und abzupfen, mit den Basilikumblättchen hacken.

3 | Die Eier leicht verquirlen. Auberginenwürfel, Tomate, Knoblauchmischung, Kräuter und Käse untermischen, salzen und pfeffern.

4 | Das übrige Öl in einer Pfanne erhitzen. Eiermasse hineingießen und bei schwacher Hitze in 20–25 Min. stocken lassen. Frittata mit Hilfe eines Tellers wenden und noch einmal 10 Min. braten. Warm oder lauwarm servieren.

➤ Beilage: Rucolasalat

➤ Getränk: fruchtiger Rotwein

schmeckt auch kalt

Zucchini-Tomaten-Türmchen

FÜR 4 PERSONEN

- **300 g Zucchini**
- **2 Knoblauchzehen**
- **1 Bund Petersilie**
- **6 EL Olivenöl**
- **Salz | Pfeffer**
- **200 g feste Tomaten**
- **50 g Parmesan oder Pecorino, frisch gerieben**
- **Muskatnuss**
- **1 Bund Basilikum**

Zubereitung: 45 Min.

➤ Pro Portion ca.: 210 kcal

1 | Die Zucchini waschen, putzen und in dünne Scheiben schneiden. Den Knoblauch schälen und fein hacken. Die Petersilie waschen, ebenfalls fein hacken.

2 | Zucchini in 2 EL Öl mit Knoblauch und Petersilie unter Rühren 4–5 Min. braten. Salzen und pfeffern.

3 | Den Backofen auf 220° (Umluft 200°) vorheizen. Die Tomaten waschen und in dünne Scheiben schneiden. 4 feuerfeste kleine Förmchen (je etwa 150 ml Inhalt) mit etwas Öl ausstreichen. Lagenweise Zucchini und Tomaten einschichten. Dabei jede Schicht mit etwas Käse bestreuen, Zucchini mit wenig Muskat würzen. Die Masse etwas in die Förmchen pressen.

4 | Die Türmchen im Ofen (Mitte) etwa 15 Min. backen. Basilikum abzupfen und fein hacken. Mit dem übrigen Öl fein pürieren, salzen. Die Türmchen 10 Min. ruhen lassen, vorsichtig stürzen und mit der Sauce beträufeln.

im Bild vorne: **Gemüsefrittata** *im Bild hinten:* **Zucchini-Tomaten-Türmchen** ➤

preiswert

Zucchinicremesuppe

FÜR 4 PERSONEN

- 600 g junge Zucchini
- 1 Zwiebel
- 2 Knoblauchzehen
- 1 kleinere mehlig kochende Kartoffel (etwa 100 g)
- 2 EL Butter
- 3/4 l Gemüsebrühe
- Salz | Pfeffer
- 1 Prise gemahlener Koriander
- 1 rote Paprikaschote
- 1/2 Bund Dill
- 100 g Sahne

Zubereitung: 40 Min.

Pro Portion ca.: 215 kcal

1 | Die Zucchini waschen, putzen und in kleine Würfel schneiden. Die Zwiebel und den Knoblauch schälen und fein hacken. Die Kartoffel schälen und fein raspeln.

2 | In einem großen Topf 1 EL Butter erhitzen. Zwiebel und Knoblauch darin anbraten. Zucchini und Kartoffel kurz mitbraten. Mit der Gemüsebrühe aufgießen, mit Salz, Pfeffer und Koriander würzen. Zugedeckt bei mittlerer Hitze in etwa 20 Min. weich kochen.

3 | Paprikaschote waschen, putzen und in kleine Würfel schneiden. Dill waschen und die Spitzen abzupfen.

4 | Die übrige Butter erhitzen. Die Paprikawürfel darin bei mittlerer Hitze unter Rühren 5–10 Min. braten, dann salzen. Die Suppe pürieren, mit der Sahne verfeinern und abschmecken. Suppe mit Paprika und Dill bestreut servieren.

preiswert | scharf

Auberginensuppe mit Kichererbsen

FÜR 4 PERSONEN

- 250 g Aubergine
- 100 g durchwachsener Speck
- 1 große Zwiebel
- 2 EL Öl
- 2 getrocknete Chilischoten
- 1 TL gemischte getrocknete Kräuter
- 1 kleine Dose geschälte Tomaten (400 g)
- 600 ml Gemüsebrühe
- 1 Dose Kichererbsen (265 g Abtropfgewicht)
- Salz | Pfeffer
- 1 EL gehackte Petersilie

Zubereitung: 35 Min.

Pro Portion ca.: 345 kcal

1 | Die Aubergine waschen, putzen und klein würfeln. Speck würfeln. Zwiebel schälen und hacken.

2 | Speck und Zwiebel im Öl bei mittlerer Hitze etwa 5 Min. glasig braten. Aubergine mitbraten. Chili zerkrümeln, Kräuter rebeln, dazugeben.

3 | Die Tomaten in der Dose kleiner schneiden und mit dem Saft und der Brühe in den Topf schütten. Alles zugedeckt bei mittlerer Hitze 10 Min. köcheln lassen.

4 | Die Kichererbsen abtropfen lassen und untermischen. Suppe mit Salz und Pfeffer abschmecken und weitere 5 Min. garen. Petersilie auf die Suppe streuen.

im Bild vorne: Zucchinicremesuppe *im Bild hinten:* Auberginensuppe mit Kichererbsen

Zum Sattessen ohne Fleisch

In den Mittelmeerländern und auch in Asien findet man viele Gerichte mit Zucchini und Auberginen, die vegetarisch zubereitet werden. Und einfach köstlich schmecken. Fleisch werden Sie bei den Gerichten in diesem Kapitel sicher nicht vermissen.

Blitzrezepte

Auberginenwok

FÜR 4 PERSONEN

➤ **600 g Auberginen | 3 Stangen Sellerie | 2 Knoblauchzehen | 1 Bund Frühlingszwiebeln | 2 rote Chilischoten | 4 EL Öl | 4 EL Sojasauce | 1/4 l Gemüsefond | Salz**

1 | Alle Gemüse waschen und putzen bzw. schälen. Auberginen längs vierteln, dann quer in dünne Scheiben schneiden. Restliche Gemüse fein schneiden.

2 | Den Wok oder eine große Pfanne erhitzen, das Öl hineingießen. Auberginen und Sellerie unter Rühren 4 Min. braten. Knoblauch, Zwiebeln und Chilis 2 Min. mitbraten. Mit Sojasauce und Gemüsefond aufgießen, salzen. Dazu schmecken Reis oder Reisnudeln.

Sesamzucchini

FÜR 4 PERSONEN

➤ **500 g Zucchini | ca. 2 cm frischer Ingwer | 4 Knoblauchzehen | 2 EL Sesamsamen | 2 EL Öl | Salz | 1 EL Zitronensaft | Sesamöl zum Beträufeln**

1 | Zucchini waschen, in dünne Scheiben, diese in Stifte schneiden. Ingwer und Knoblauch schälen und fein hacken.

2 | Den Wok oder eine Pfanne erhitzen, den Sesam darin ohne Fett unter Rühren rösten, bis er würzig duftet, herausnehmen. Öl angießen und Zucchini, Ingwer und Knoblauch unter Rühren 3–4 Min. braten. Mit Salz und Zitronensaft abschmecken und mit Sesam bestreuen. Mit Sesamöl beträufeln. Schmeckt mit Reis oder zu Huhn oder Lamm.

schmeckt auch kalt

Zucchiniquiche

FÜR 6 PERSONEN

- **125 g kalte Butter**
  250 g Mehl
  Salz | Pfeffer
  400 g junge Zucchini
  50 g schwarze Oliven (am besten entsteint)
  2 Knoblauchzehen
  1 Zwiebel
  4 Zweige frischer Rosmarin
  100 g Quark oder saure Sahne
  3 Eier
  100 g Emmentaler oder Bergkäse, frisch gerieben
  1 EL Tomatenmark

Zubereitung: 30 Min.
Kühlzeit: 1 Std.
Backzeit: 50 Min.
- Pro Portion ca.: 450 kcal

1 | Für den Teig die Butter in kleine Stücke schneiden, mit dem Mehl, 1 kräftigen Prise Salz und etwa 4 EL kaltem Wasser zu einem glatten Teig verkneten.

2 | Den Teig zur Kugel formen und zwischen zwei Lagen Klarsichtfolie möglichst rund ausrollen. Die obere Folie abnehmen und den Teig in eine Springform (28 cm Ø) stürzen. Die zweite Folie abziehen und die Form mit dem Teig auskleiden, dabei einen 3 cm hohen Rand formen. Teig in der Form 1 Std. kühl stellen.

3 | Für den Belag Zucchini waschen, putzen und grob raspeln. Oliven in Streifen schneiden. Knoblauch und Zwiebel schälen und fein hacken. Rosmarin waschen, abzupfen und hacken. Alle diese Zutaten mischen.

4 | Den Backofen auf 180° vorheizen. Quark mit Eiern, Käse und Tomatenmark verrühren, Zucchinimischung untermengen und mit Salz und Pfeffer abschmecken.

5 | Füllung auf dem Teig verteilen und die Quiche im Ofen (Mitte, Umluft 160°) etwa 50 Min. backen, bis sie schön gebräunt ist.

- Varianten: Statt Oliven getrocknete, in Öl eingelegte Tomaten nehmen und viel Basilikum in die Füllung geben.

  Statt Hartkäse ganz fein zerkrümelten Schafkäse nehmen und die Füllung mit Paprikapulver abschmecken.

  Oder klein gewürfelten Gorgonzola nehmen. In die Füllung Kerbel und Petersilie geben und ein paar fein gehackte Walnusskerne untermischen.

- Beilage: ein bunt gemischter Salat
- Getränk: ein fruchtiger Rotwein

TIPP

Backofengerichte entfalten ihr Aroma besser, wenn man sie nach dem Backen 10–15 Minuten ruhen lässt.

preiswert

Nudeln mit Auberginen und Schafkäse

FÜR 4 PERSONEN

- 1 Aubergine (ca. 300 g)
- 600 g Tomaten
- 2 Knoblauchzehen
- 1 rote Zwiebel
- 6 EL Olivenöl
- 2 TL Kapern
- Salz | Pfeffer
- 400 g breite Nudeln
- 100 g Schafkäse oder fester Ricotta
- 1/2 Bund Basilikum

Zubereitung: 25 Min.
Pro Portion ca.: 605 kcal

1 | Die Aubergine waschen und in kleine Würfel schneiden. Die Stielansätze der Tomaten entfernen. Tomaten kurz überbrühen, häuten und würfeln. Knoblauch und Zwiebel schälen, hacken.

2 | Öl in einem Topf erhitzen, Auberginenwürfel darin rundherum gut anbraten. Knoblauch und Zwiebel kurz mitbraten. Tomaten und Kapern untermischen und mit Salz und Pfeffer würzen. Zugedeckt bei schwacher Hitze etwa 10 Min. schmoren.

3 | Inzwischen für die Nudeln reichlich Wasser zum Kochen bringen, salzen. Nudeln darin nach Packungsaufschrift al dente kochen. Schafkäse oder Ricotta zerkrümeln, Basilikumblättchen abzupfen.

4 | Nudeln abgießen, mit Gemüse, Käse und Basilikum locker mischen und in vorgewärmten Tellern servieren.

schnell

Nudeln mit Zucchinisauce

FÜR 4 PERSONEN

- 400 g Zucchini
- 2 rote Zwiebeln
- 2 Zweige frischer Salbei
- 200 g Cocktailtomaten
- 400 g kurze Nudeln (Penne, Casarecce oder Fusilli)
- Salz | 2 EL Olivenöl
- 1 getrocknete Chilischote
- 1 EL schwarze Oliven (am besten ohne Stein)
- 2 EL Aceto balsamico
- 1 Prise Zucker

Zubereitung: 25 Min.
Pro Portion ca.: 465 kcal

1 | Die Zucchini waschen und putzen, in gut 1 cm dicke Scheiben, diese in Streifen schneiden. Die Zwiebeln schälen und halbieren. Ebenfalls in Streifen schneiden. Salbei waschen, abzupfen und fein hacken. Tomaten waschen und halbieren.

2 | Für die Nudeln reichlich Wasser zum Kochen bringen und salzen. Die Nudeln darin al dente kochen.

3 | Gleichzeitig die Zucchini im Öl bei starker Hitze kräftig anbraten. Zwiebeln und Salbei kurz mitbraten. Chilischote zerkrümeln und mit Oliven und Tomaten dazugeben. Die Sauce salzen und bei schwacher Hitze ziehen lassen.

4 | Die Sauce mit Balsamico und Zucker abschmecken. Die Nudeln abgießen und mit der Sauce mischen. In vorgewärmten Tellern servieren.

im Bild vorne: Nudeln mit Auberginen und Schafkäse *im Bild hinten:* Nudeln mit Zucchinisauce

gelingt leicht | schnell

Auberginen-curry mit Kokosmilch

FÜR 4 PERSONEN

- 600 g Auberginen
- 1 Stück frischer Ingwer (ca. 2 cm)
- 4 Knoblauchzehen
- 2 EL Öl
- 1 1/2 EL rote Currypaste (Asienladen)
- 1 Dose Kokosmilch (400 g)
- 150 g TK-Erbsen
- 300 g Cocktailtomaten
- Salz
- 1 1/2 EL Limettensaft
- Basilikumblättchen zum Bestreuen

Zubereitung: 30 Min.

➤ Pro Portion ca.: 380 kcal

1 | Die Auberginen waschen, putzen und in 1 cm große Würfel schneiden. Den Ingwer und den Knoblauch schälen und sehr fein hacken.

2 | Das Öl im Wok oder in einer großen Pfanne erhitzen. Ingwer und Knoblauch darin kurz anbraten. Die Currypaste einrühren, dann die Kokosmilch dazuschütten. Auberginen und Erbsen dazugeben und 5–8 Min. köcheln lassen.

3 | Inzwischen die Tomaten waschen und halbieren. Unter die Kokossauce mischen. Die Sauce mit Salz und dem Limettensaft abschmecken. Das Curry mit Basilikumblättchen garniert servieren.

➤ Beilage: Reis

➤ Getränk: ein kühles Pils

scharf | schnell

Zucchini in Senf-Joghurt-Sauce

FÜR 4 PERSONEN

- 700 g junge Zucchini
- 4 Tomaten
- 2 grüne Chilischoten
- 1 gestrichener EL Senfmehl
- 4 EL Öl
- 2 TL Kurkuma
- 2 TL edelsüßes Paprikapulver
- 150 g Joghurt
- Salz
- Koriander- oder Basilikumblättchen zum Bestreuen

Zubereitung: 25 Min.

➤ Pro Portion ca.: 175 kcal

1 | Die Zucchini waschen, putzen und in 1 cm große Würfel schneiden. Stielansätze der Tomaten entfernen. Tomaten kurz überbrühen, häuten und in Achtel schneiden. Die Chilischoten waschen, vom Stielansatz befreien und mit den Kernen fein hacken. Das Senfmehl mit 50 ml Wasser verrühren.

2 | Das Öl in einer Pfanne erhitzen. Chilis, Kurkuma und Paprika darin 1 Min. anbraten. Zucchini hinzufügen und 2–3 Min. braten. Joghurt und Senfwasser einrühren, Tomaten untermischen und alles mit Salz abschmecken. Zucchini zugedeckt bei schwacher Hitze 5–7 Min. garen. Mit Kräuterblättchen bestreut servieren.

➤ Beilage: Kartoffeln oder Reis

➤ Getränk: Bier

im Bild vorne: **Zucchini in Senf-Joghurt-Sauce** *im Bild hinten:* **Auberginencurry mit Kokosmilch** ➤

gelingt leicht

Zucchini-Limetten-Risotto

FÜR 4 PERSONEN

- 1 Bund Frühlingszwiebeln
- 2 Knoblauchzehen
- 300 g junge Zucchini
- 1 Limette | 3 EL Butter
- 400 g Risottoreis
- 1/4 l trockener Weißwein
- 1 l Gemüsebrühe
- 1 Bund Borretsch (ersatzweise Basilikum)
- 4 EL Parmesan, frisch gerieben
- Salz | Pfeffer

Zubereitung: 50 Min.
Pro Portion: 335 kcal

1 | Die Frühlingszwiebeln waschen und putzen. 2–3 zartgrüne Stücke beiseite legen, die übrigen Zwiebeln in feine Ringe schneiden. Knoblauch schälen und fein hacken. Die Zucchini waschen, putzen und klein würfeln. Die Limettenschale dünn abschneiden. Die Limette auspressen.

2 | Die Hälfte der Butter schmelzen. Zwiebelringe und Knoblauch mit einem Teil der Limettenschale darin andünsten. Reis dazurühren. Weißwein, Zucchini und etwa 2 EL Limettensaft dazugießen und unter Rühren verdampfen lassen. Hitze auf mittlere Stufe stellen und immer wieder ein paar Schöpfer Brühe an den Reis geben. Das Risotto häufig durchrühren und offen garen, bis die Körner bissfest sind.

3 | Borretsch waschen und fein hacken. In der übrigen Butter zusammenfallen lassen. Mit dem Käse unter den Reis rühren, salzen, pfeffern. Die restliche Limettenschale und die übrigen Zwiebelstücke fein hacken und darüber streuen.

Spezialität aus Italien

Auberginenpflänzchen

FÜR 4 PERSONEN

- 2 Auberginen (ca. 500 g)
- Salz | Pfeffer
- 1 EL schwarze Oliven
- 1 EL Kapern
- 1 unbehandelte Zitrone
- 1 Bund Petersilie
- 1 rote Chilischote
- 100 g Semmelbrösel
- 250 g weicher Ricotta
- 2 Eier | 4 EL Olivenöl

Zubereitung: 1 Std.
Pro Portion ca.: 355 kcal

1 | Die Auberginen waschen, putzen und im Ganzen in kochendem Salzwasser etwa 8 Min. vorgaren. Kalt abschrecken, abkühlen lassen und ganz fein würfeln.

2 | Oliven entsteinen und mit den Kapern sehr fein hacken. Zitrone heiß waschen, Schale fein abreiben. Petersilie waschen und fein hacken. Chilischote waschen, putzen und ebenfalls hacken.

3 | Auberginen, Olivenmischung, Zitronenschale, Petersilie und Chilischote mit Semmelbröseln, Ricotta und Eiern gründlich verrühren. Salzen und pfeffern, kleine Pflänzchen daraus formen.

4 | Das Öl in einer großen Pfanne heiß werden lassen. Die Pflänzchen darin bei mittlerer Hitze pro Seite 3–4 Min. braten.

im Bild vorne: Auberginenpflänzchen *im Bild hinten:* Zucchini-Limetten-Risotto für Gäste

Zucchinilasagne

FÜR 6 PERSONEN

- 800 g junge Zucchini
- 3 EL Olivenöl
- Salz | Pfeffer
- 35 g Butter
- 35 g Mehl
- 3/4 l Milch
- 2 EL Tomatenmark
- 100 g Parmesan, frisch gerieben
- 1 Bund Borretsch (ersatzweise Basilikum)
- 100 g getrocknete, in Öl eingelegte Tomaten
- 200 g Lasagneplatten (ohne Vorkochen)

Zubereitung: 40 Min.
Backzeit: 45 Min.
Pro Portion ca.: 445 kcal

1 | Den Backofengrill vorheizen. Die Zucchini waschen, putzen und der Länge nach in dünne Scheiben schneiden, auf zwei Backbleche legen. Öl, Salz und Pfeffer verrühren, auf die Zucchini pinseln. Im Ofen je 5–10 Min. grillen.

2 | Inzwischen für die Béchamel Butter schmelzen und das Mehl einrühren. Unter Rühren goldgelb werden lassen, nach und nach die Milch unterschlagen. Sauce 10 Min. köcheln lassen.

3 | Etwas abkühlen lassen, Tomatenmark und Käse unterrühren. Borretsch waschen und die Blätter abzupfen. Tomaten abtropfen lassen und in Streifen schneiden.

4 | Den Backofen auf 180° vorheizen. Eine feuerfeste eckige Form lagenweise mit Nudelplatten, Zucchini und Béchamel füllen, dabei dazwischen Borretschblätter legen und Tomaten streuen. Die letzte Schicht sollte Béchamel sein. Die Lasagne im Ofen (Mitte, Umluft 160°) in etwa 45 Min. weich backen.

Getränk: leichter Rotwein

schmeckt auch kalt

Gratinierte Zucchini

FÜR 4 PERSONEN

- 4 junge Zucchini (ca. 500 g)
- 400 g feste Tomaten
- 200 g Schafkäse (Feta)
- 1 rote Zwiebel
- 2 Knoblauchzehen
- je ein paar Zweige frischer Thymian, Rosmarin und Oregano
- Salz | Pfeffer
- 4 EL Olivenöl

Zubereitung: 30 Min.
Backzeit: 40 Min.
Pro Portion ca.: 250 kcal

1 | Zucchini und Tomaten waschen. Zucchini putzen und in knapp 1 cm dicke Scheiben schneiden. Tomaten ebenfalls in dünne Scheiben schneiden. Schafkäse zerkrümeln. Zwiebel und Knoblauch schälen und fein hacken. Kräuter waschen, ebenfalls hacken.

2 | Den Backofen auf 200° vorheizen. Eine feuerfeste Form dachziegelartig abwechselnd mit Tomaten und Zucchinischeiben auslegen. Salzen und pfeffern. Käse, Zwiebel, Knoblauch und Kräuter darüber streuen. Mit dem Öl beträufeln. Das Gemüse im Ofen (Mitte, Umluft 180°) etwa 40 Min. backen, bis die Zucchini bissfest sind.

Beilage: Lammkoteletts

im Bild vorne: Gratinierte Zucchini *im Bild hinten:* Zucchinilasagne

Spezialität aus der Türkei

Gefüllte Auberginen

FÜR 4 PERSONEN

- **4 kleinere Auberginen (ca. 800 g) | Salz**
- **500 g Tomaten**
- **2 große Zwiebeln**
- **2 Knoblauchzehen**
- **1 Bund Petersilie**
- **1 grüne Chilischote**
- **4 EL Olivenöl**
- **Salz | Pfeffer**
- **1/2 TL gemahlener Kreuzkümmel**
- **100 g Schafkäse (Feta)**

Zubereitung: 45 Min.

Pro Portion ca.: 210 kcal

1 | Die Auberginen waschen und mit dem Kartoffelschäler streifenweise schälen. Auberginen in Salzwasser 3 Min. kochen. Abtropfen lassen.

2 | Tomaten waschen oder häuten und fein würfeln. Zwiebeln schälen und in Ringe schneiden. Knoblauch schälen und fein hacken. Petersilie waschen und fein hacken. Chilischote waschen und mit den Kernen in feine Ringe schneiden.

3 | Den Backofen auf 220° (Umluft 200°) vorheizen. Zwiebeln in 2 EL Öl andünsten. Chili, Knoblauch und Petersilie kurz mitbraten. Tomaten 5 Min. mitgaren.

4 | In jede Aubergine eine Tasche schneiden. Zwiebelmischung mit Salz, Pfeffer und Kreuzkümmel abschmecken und in die Taschen füllen. Auberginen mit dem übrigen Öl beträufeln und im Ofen (Mitte) etwa 15 Min. backen. Schafkäse zerkrümeln und darüber streuen.

Spezialität aus Italien

Auberginenröllchen

FÜR 4 PERSONEN

- **2 längliche Auberginen (ca. 500 g)**
- **Salz | 1 EL Kapern**
- **2 Knoblauchzehen**
- **1 großes Bund Petersilie**
- **125 g Mozzarella**
- **1 große Dose geschälte Tomaten (800 g)**
- **70 g Semmelbrösel**
- **50 g Parmesan, frisch gerieben**
- **2 Eier | 8 EL Olivenöl**

Zubereitung: 50 Min.

Backzeit: 20 Min.

Pro Portion ca.: 460 kcal

1 | Auberginen waschen, der Länge nach in 1/2 cm dicke Scheiben schneiden. Salzen, ziehen lassen. Kapern fein hacken. Knoblauch schälen und pressen. Petersilie waschen und hacken. Mozzarella würfeln.

2 | 1 Tomate fein zerdrücken. Mit Kapern, Knoblauch, Petersilie, Mozzarella, Semmelbröseln, Parmesan, Eiern und Salz mischen. Backofen auf 220° vorheizen.

3 | Auberginen trockentupfen und in 6 EL Olivenöl portionsweise leicht anbraten. Mit Füllung bestreichen und aufrollen. Nebeneinander in eine feuerfeste Form legen. Die übrigen Tomaten kleiner schneiden und mit dem restlichen Öl und Salz mischen. Auf den Röllchen verteilen. Im Ofen (Mitte, Umluft 200°) etwa 20 Min. backen.

im Bild vorne: **Auberginenröllchen** *im Bild hinten:* **Gefüllte Auberginen**

preiswert

Buntes Gemüsegratin

FÜR 4 PERSONEN

- 2 Auberginen
- 3 Zucchini
- 300 g Kartoffeln
- 2 große Zwiebeln
- 2 Knoblauchzehen
- 1 Bund Petersilie
- einige Zweige Oregano
- 500 g Tomaten
- 10 EL Olivenöl
- Salz | Pfeffer
- 100 ml Gemüsebrühe

Zubereitung: 35 Min.
Backzeit: 1 Std.
Pro Portion ca.: 365 kcal

1 | Auberginen und Zucchini waschen, putzen, Kartoffeln schälen. Alles in Scheiben schneiden. Zwiebeln und Knoblauch schälen, Zwiebeln in Ringe, Knoblauch in Stifte schneiden. Kräuter waschen und hacken. Tomaten waschen, in Scheiben schneiden.

2 | Den Backofen auf 180° vorheizen. Zucchini, Kartoffeln und Auberginen portionsweise anbraten, dabei immer etwas Öl angießen. Eine feuerfeste Form lagenweise mit dem Gemüse füllen. Dabei jede Schicht mit Salz und Pfeffer würzen, mit Zwiebeln, Knoblauch und Kräutern bestreuen.

3 | Brühe über das Gemüse gießen. Das Gemüse mit Alufolie verschließen und im Ofen (Mitte, Umluft 160°) 30 Min. backen, dann offen noch einmal 30 Min. backen.

fruchtig | scharf

Auberginen mit Limettensauce

FÜR 4 PERSONEN

- 4 kleine Auberginen (ca. 800 g)
- 4 EL Olivenöl
- Salz | Pfeffer
- 1 rote Paprikaschote
- 1 rote Chilischote
- 2 Fleischtomaten
- 2 Zwiebeln
- 2 Knoblauchzehen
- 4 Zweige Koriandergrün
- 4 EL Limettensaft
- 1 Prise Zucker
- 100 g gesalzene geröstete Erdnüsse

Zubereitung: 25 Min.
Pro Portion ca.: 295 kcal

1 | Den Backofengrill anschalten. Die Auberginen waschen, putzen und der Länge nach halbieren. Das Fruchtfleisch mit einem Messer rautenförmig einschneiden. Die Auberginen mit dem Öl bepinseln und mit Salz und Pfeffer würzen. Nicht zu nah an den Grillschlangen etwa 20 Min. grillen. Dabei einmal wenden.

2 | Paprika waschen, halbieren, putzen und in sehr kleine Würfel schneiden. Chilischote waschen, putzen und fein hacken. Tomaten häuten und klein würfeln. Zwiebeln und Knoblauch schälen und fein hacken. Korianderblättchen fein hacken. Paprika, Tomaten, Chili, Zwiebeln, Knoblauch und Koriander mit Limettensaft mischen und mit Salz, Pfeffer und Zucker abschmecken. Erdnusskerne hacken.

3 | Die Auberginen mit der Sauce und Erdnüssen bedecken. Ohne Schalen essen.

im Bild vorne: Buntes Gemüsegratin *im Bild hinten:* Auberginen mit Limettensauce ➤

Mit Fisch und Fleisch

Auch in Gesellschaft von Fleisch und Fisch geben Zucchini und Auberginen eine gute Figur ab. Sie passen sich gut an und verleihen doch den Gerichten ein ganz besonderes Aroma. Ob im Schmorgericht, im Eintopf oder als Beilage mit einer schnellen Sauce.

Blitzrezepte

Schnitzel mit Zucchinisauce

FÜR 4 PERSONEN

➤ **500 g junge Zucchini | 4 Knoblauchzehen | 4 EL Öl | 4 dünne Schnitzel (Schwein oder Kalb) | Salz | Pfeffer Cayennepfeffer | 1/2 Bund Basilikum 50 g Sahne | 2 TL Zitronensaft**

1 | Zucchini waschen, putzen und klein würfeln. Knoblauch schälen, fein hacken. Beides in 2 EL Öl andünsten, zugedeckt bei schwacher Hitze 15 Min. schmoren. Schnitzel mit Salz, Pfeffer und Cayenne würzen.

2 | Basilikum in Streifen schneiden. Zucchini fein pürieren, Sahne und Zitronensaft unterrühren, salzen und pfeffern. Basilikum unterheben, warm halten. Schnitzel im übrigen Öl pro Seite 1 Min. braten.

Lammkoteletts mit Auberginenpüree

FÜR 4 PERSONEN

➤ **2 EL Zitronensaft | 2 EL Olivenöl 1 Msp. Chilipulver | Salz | Pfeffer 8 Lammkoteletts | 500 g Auberginen 2 Knoblauchzehen | 4 EL Sahne | 2 EL gehackte Petersilie**

1 | Ofen auf 250° vorheizen. 1 EL Zitronensaft mit Öl, Chili, Salz und Pfeffer verrühren, auf die Koteletts pinseln. Auberginen im Ofen (Umluft 220°) 30 Min. backen.

2 | Knoblauch schälen und pressen. Auberginenfleisch auslösen, pürieren, mit Zitrone, Sahne, Salz, Pfeffer, Petersilie und Knoblauch mischen. Warm halten.

3 | Koteletts bei starker Hitze pro Seite 2 Min. braten. Mit dem Püree servieren.

Spezialität aus Griechenland

Auberginen-Moussaka

FÜR 6 PERSONEN

- 800 g Auberginen
- Salz | Pfeffer
- 2 große Zwiebeln
- 600 g Tomaten
- 10 EL Olivenöl
- 500 g Rinder- oder Lammhackfleisch
- 1 kräftige Prise Zimtpulver
- 40 g Butter
- 40 g Mehl
- 3/4 l Milch
- 2 Eier
- 200 g Schafkäse (Feta)

Zubereitung: 1 Std.
Backzeit: 1 Std.
➤ Pro Portion ca.: 625 kcal

1 | Die Auberginen waschen, putzen und der Länge nach in dünne Scheiben schneiden. Die Auberginen salzen und 10 Min. ziehen lassen. Inzwischen die Zwiebeln schälen und fein würfeln. Die Tomaten nach Wunsch häuten oder waschen, klein würfeln.

2 | In einer Pfanne 1 EL Olivenöl erhitzen, die Zwiebeln darin glasig dünsten. Das Hackfleisch dazugeben und braten, bis es gebräunt und schön krümelig ist. Die Tomaten dazugeben, die Mischung mit Salz, Pfeffer und Zimt abschmecken und bei schwacher Hitze offen 15 Min. köcheln lassen.

3 | Inzwischen die Auberginenscheiben gut trockentupfen. In einer zweiten Pfanne nach und nach das restliche Öl erhitzen und die Auberginen darin von beiden Seiten anbraten. Gebratene beiseite legen.

4 | Für die Béchamelsauce die Butter in einem Topf schmelzen lassen. Das Mehl mit dem Schneebesen einrühren und unter Rühren goldgelb werden lassen. Nach und nach die Milch einrühren. Die Sauce salzen und pfeffern und offen bei schwacher Hitze etwa 10 Min. köcheln lassen. Die Sauce etwas abkühlen lassen, dann die Eier kräftig unterrühren.

5 | Den Käse fein zerkrümeln. Den Backofen auf 180° vorheizen. Eine große feuerfeste Form lagenweise mit Auberginen und Hackfleisch füllen. Dabei jede Lage mit etwas Käse bestreuen und mit Béchamel begießen. Die oberste Schicht soll Béchamel sein.

6 | Die Moussaka in den Ofen (Mitte, Umluft 160°) schieben und etwa 1 Std. backen, bis sie schön gebräunt ist. Kurz stehen lassen, dann in Stücke schneiden und servieren.

➤ Varianten: Die Hälfte der Auberginen durch Zucchini ersetzen. Auch Kartoffeln passen gut in diesen Auflauf. Beide werden in dünne Scheiben geschnitten und wie die Auberginen in Olivenöl angebraten, bevor man sie einschichtet.

➤ Beilage: frisches Fladenbrot und ein Tomatensalat mit roten Zwiebeln und Kräutern

➤ Getränk: kräftiger Rotwein

preiswert

Zucchiniauflauf

FÜR 4 PERSONEN

- **900 g junge Zucchini**
- **200 g mehlig kochende Kartoffeln**
- **1 Bund Petersilie**
- **2 Zwiebeln**
- **125 g durchwachsener Räucherspeck**
- **2 Knoblauchzehen**
- **Salz | Pfeffer**
- **Muskatnuss**
- **4 Eier**
- **150 g cremige saure Sahne**
- **100 g Parmesan oder Bergkäse, frisch gerieben**
- **Öl für die Form**

◷ Zubereitung: 40 Min.
◷ Backzeit: 35 Min.
➤ Pro Portion ca.: 475 kcal

1 | Zucchini waschen und putzen. Kartoffeln schälen. Beides fein raspeln. Petersilie waschen und fein hacken. Zwiebeln schälen und mit dem Speck klein würfeln.

2 | Speck und Zwiebeln bei mittlerer Hitze unter Rühren glasig braten. Knoblauch schälen und dazupressen. Pfanne vom Herd ziehen.

3 | Den Backofen auf 200° vorheizen. Eine feuerfeste Form fetten. Zucchini und Kartoffeln mit dem Speck und Petersilie mischen. Mit Salz, Pfeffer und Muskat kräftig abschmecken. Die Eier mit der sauren Sahne und dem Käse verrühren und untermischen.

4 | Die Masse in die Form füllen und im Ofen (Mitte, Umluft 180°) 30–35 Min. backen, bis sie fest ist.

herzhaft | für Gäste

Zucchini-Parmigiana

FÜR 4 PERSONEN

- **900 g Zucchini**
- **1 große Dose geschälte Tomaten (800 g)**
- **2 Knoblauchzehen**
- **6 EL Olivenöl**
- **1 TL getrocknete italienische Kräuter**
- **Salz | Pfeffer**
- **1 Bund Basilikum**
- **375 g Mozzarella**
- **1 Gläschen Sardellenfilets in Öl (ca. 40 g)**
- **50 g Parmesan, frisch gerieben**

◷ Zubereitung: 40 Min.
◷ Backzeit: 30 Min.
➤ Pro Portion ca.: 500 kcal

1 | Die Zucchini waschen, putzen und längs in 1 cm dicke Scheiben schneiden. Tomaten mit dem Saft pürieren. Knoblauch schälen und fein hacken. Tomaten mit Knoblauch, 1 EL Öl und Kräutern offen bei mittlerer Hitze in 10–15 Min. einkochen lassen. Salzen, pfeffern.

2 | Basilikumblättchen abzupfen und halbieren. Mozzarella in dünne Scheiben schneiden. Zucchini nach und nach im restlichen Öl gut braun braten. Herausnehmen, salzen und pfeffern. Sardellen abtropfen lassen und grob hacken. Backofen auf 180° vorheizen.

3 | Zucchini, Tomatensauce, Sardellen und Mozzarella lagenweise in eine flache feuerfeste Form schichten, Basilikum dazwischenstreuen. Parmesan darauf streuen, mit 2 EL Öl beträufeln. Den Auflauf im Ofen (Mitte) etwa 30 Min. backen. Lauwarm servieren.

im Bild vorne: **Zucchiniauflauf** *im Bild hinten:* **Zucchini-Parmigiana** ➤

gelingt leicht

Lamm-Auberginen-Topf

FÜR 4 PERSONEN

- **100 g getrocknete Aprikosen**
  600 g mageres Lammfleisch ohne Knochen
  2 große Zwiebeln
  2 Auberginen
  1 unbehandelte Zitrone
  4 EL Olivenöl
  Salz | Pfeffer
  1 TL gemahlene Kurkuma

Zubereitung: 30 Min.
Schmorzeit: 1 Std. 30 Min.
➤ Pro Portion ca.: 360 kcal

1 | Die Aprikosen in 1/8 l lauwarmem Wasser 30 Min. quellen lassen.

2 | Fleisch in mundgerechte Würfel schneiden. Zwiebeln schälen, halbieren und in breite Streifen schneiden. Auberginen waschen, putzen und würfeln. Zitrone heiß waschen, abtrocknen und dünn schälen, die Schale in Streifen schneiden. Aprikosen vierteln, Einweichwasser aufbewahren.

3 | Fleisch im Öl portionsweise anbraten, herausnehmen. Zwiebeln anbraten, zum Schluss die Auberginen. Alles mit Aprikosen und Zitronenschale lagenweise in den Topf schichten, jede Schicht salzen und pfeffern. Einweichwasser mit 100 ml Wasser und Kurkuma darüber gießen. Zugedeckt bei ganz schwacher Hitze 1 1/2 Std. schmoren.

➤ Beilage: Bulgur und Joghurt mit Chili, Salz und Zimt

herzhaft | preiswert

Auberginentaler

FÜR 4 PERSONEN

- **2 dicke Auberginen (ca. 650 g)**
  1/2 Bund frischer Thymian
  2 Knoblauchzehen
  1 Bund Frühlingszwiebeln
  400 g Hackfleisch
  Salz | Pfeffer
  250 g Champignons
  1 kleine Dose geschälte Tomaten (400 g)
  Mehl zum Wenden
  8 EL Olivenöl
  1/8 l trockener Rotwein (ersatzweise Fleischbrühe)

Zubereitung: 50 Min.
➤ Pro Portion ca.: 525 kcal

1 | Die Auberginen waschen, putzen, die schmalen Enden abschneiden und würfeln. Dicke Teile in knapp 1 cm dicke Scheiben schneiden.

2 | Den Thymian waschen, abstreifen. Knoblauch schälen und fein hacken, Frühlingszwiebeln waschen, putzen und in Röllchen schneiden. Hackfleisch mit Thymian, Knoblauch und Zwiebeln verkneten, salzen und pfeffern. Pilze putzen und in Scheiben schneiden. Tomaten kleiner schneiden.

3 | Je 8 Auberginenscheiben mit Hackmasse belegen, mit den übrigen Auberginen bedecken. Scheiben salzen, pfeffern, im Mehl wenden.

4 | Auberginentaler im Öl bei mittlerer Hitze pro Seite 5 Min. braten. Herausnehmen. Die Pilze im Bratfett anbraten. Tomaten und Wein dazugeben, salzen, pfeffern und offen 10 Min. einköcheln lassen. Auberginentaler einlegen, heiß werden lassen.

im Bild vorne: Auberginentaler *im Bild hinten:* Lamm-Auberginen-Topf ➤

preiswert

Zucchini mit Tunfischsauce

FÜR 4 PERSONEN

- 6 mittelgroße Zucchini (ca. 600 g)
- 1 unbehandelte Zitrone
- 1 getrocknete Chilischote
- Salz | Pfeffer
- 2 EL Olivenöl
- 1 Bund gemischte Kräuter (z. B. Petersilie, Borretsch, Zitronenmelisse und Dill)
- 1 Dose Tunfisch im eigenen Saft (150 g)
- 100 g Crème fraîche
- 1 EL Kapern
- 1 Knoblauchzehe

Zubereitung: 20 Min.
Pro Portion ca.: 225 kcal

1 | Zucchini waschen, putzen und längs vierteln. Zitrone heiß waschen und abtrocknen, die Schale dünn abschneiden und grob hacken. Chilischote zerkrümeln, mit der Zitronenschale über die Zucchini streuen.

2 | Den Backofengrill vorheizen. Die Zucchini auf ein Backblech legen, salzen, pfeffern und mit dem Öl bestreichen. Die Zucchini unter den heißen Grillschlangen in 10 Min. schön braun grillen.

3 | Kräuter waschen, abzupfen. Tunfisch mit Kräutern, Crème fraîche und Kapern fein pürieren. Knoblauch schälen und dazupressen. Sauce mit Salz, Pfeffer und etwas Zitronensaft abschmecken, zu den Zucchini servieren.

- Beilage: Brot
- Getränk: kräftiger Rotwein

gut vorzubereiten

Hähnchenkeulen auf Kräuterauberginen

FÜR 4 PERSONEN

- 4 Hähnchenkeulen mit Rückenteil (à ca. 220 g)
- 2 Knoblauchzehen
- je 1/2 Bund Rosmarin, Thymian, Basilikum und Petersilie
- 6 EL Olivenöl
- Salz | Pfeffer
- 1 kg Auberginen
- 2 rote Zwiebeln
- 1 unbehandelte Zitrone
- 1/8 l trockener Weißwein (ersatzweise Brühe)

Zubereitung: 35 Min.
Backzeit: 45 Min.
Pro Portion ca.: 450 kcal

1 | Hähnchenkeulen waschen und trockentupfen. Die Haut vom Fleisch lösen, aber nicht abtrennen. Knoblauch schälen und sehr fein hacken. Kräuter waschen und sehr fein hacken. Knoblauch mit 1 EL Kräutern, 1 EL Öl, Salz und Pfeffer mischen. Diese Mischung unter die Hähnchenhaut schieben und gleichmäßig verteilen, salzen.

2 | Den Backofen auf 180° vorheizen. Auberginen waschen und würfeln. Zwiebeln schälen und vierteln, in feine Streifen schneiden. Auberginen mit Zwiebeln, übrigen Kräutern und dem restlichen Öl auf dem Backblech mischen, salzen und pfeffern. Hähnchenkeulen darauf verteilen. Die Zitrone waschen, in Scheiben schneiden und darauf legen. Den Wein angießen.

3 | Die Hähnchenkeulen im Ofen (Mitte, Umluft 160°) etwa 45 Min. backen, dabei einmal wenden.

im Bild links: **Zucchini mit Tunfischsauce** *im Bild rechts:* **Hähnchenkeulen auf Kräuterauberginen**

preiswert

Gefüllte Tomaten

FÜR 4 PERSONEN

- **2 Scheiben Toastbrot**
- **8 größere Tomaten (ca. 1 kg)**
- **200 g junge Zucchini**
- **200 g Fischfilet (z.B. Kabeljau)**
- **2 Knoblauchzehen**
- **4 Zweige frischer Thymian**
- **2 Zweige frische Minze**
- **3 EL Olivenöl | 1 Ei**
- **Salz | Pfeffer**
- **1/2 TL edelsüßes Paprikapulver**

Zubereitung: 30 Min.
Backzeit: 20 Min.
Pro Portion ca.: 205 kcal

1 | Das Toastbrot entrinden und mit lauwarmem Wasser bedecken. Tomaten waschen und jeweils einen Deckel abschneiden. Das Innere der Tomaten mit einem Teelöffel auslösen und fein hacken.

2 | Zucchini waschen, putzen und sehr fein würfeln. Fisch kalt waschen, trockentupfen und grob würfeln. Knoblauch schälen und fein hacken. Kräuter waschen, hacken.

3 | Den Backofen auf 200° vorheizen. In einer Pfanne 1 EL Öl erhitzen. Zucchini darin anbraten. Knoblauch kurz mitbraten, dann die Kräuter untermischen.

4 | Das Brot ausdrücken und mit dem Fisch fein pürieren. Mit dem Ei unter die Zucchini rühren und mit Salz, Pfeffer und Paprika abschmecken.

5 | Die gehackten Tomaten mit dem übrigen Öl, Salz und Pfeffer in einer feuerfesten Form mischen. Die Zucchinimasse in die Tomaten füllen und diese in die Form setzen. Die Deckel auflegen. Im Ofen (Mitte, Umluft 180°) etwa 20 Min. backen.

preiswert | schnell

Spätzle mit Geschnetzeltem

FÜR 4 PERSONEN

- **2 Zucchini (etwa 250 g)**
- **1 Hähnchenbrustfilet**
- **100 g Champignons**
- **2 Schalotten**
- **2 Knoblauchzehen**
- **400 g Spätzle (Fertigprodukt)**
- **Salz | Pfeffer**
- **2 EL Butter | 150 g Sahne**
- **1 TL scharfer Senf**
- **2 EL Schnittlauchröllchen**

Zubereitung: 30 Min.
Pro Portion ca.: 640 kcal

1 | Zucchini waschen und putzen. In 1 cm dicke Stifte schneiden. Hähnchenfleisch in Streifen schneiden. Pilze putzen, in Scheiben schneiden. Schalotten und Knoblauch schälen, fein hacken.

2 | Für die Spätzle reichlich Wasser zum Kochen bringen und salzen. Die Spätzle darin nach Packungsangabe garen.

3 | Gleichzeitig das Fleisch in der Butter anbraten. Schalotten und Knoblauch dazugeben, dann Pilze und Zucchini. 2–3 Min. braten, die Sahne angießen. Sauce mit Senf, Salz und Pfeffer abschmecken und 2–3 Min. köcheln lassen.

4 | Die Spätzle abgießen. Mit dem Ragout bedecken und mit Schnittlauch bestreuen.

im Bild links: Gefüllte Tomaten *im Bild rechts:* Spätzle mit Geschnetzeltem

Zum Gebrauch

Damit Sie Rezepte mit bestimmten Zutaten noch schneller finden können, stehen in diesem Register zusätzlich auch beliebte Zutaten wie Tomaten oder Kräuter – ebenfalls geordnet und **halbfett** gedruckt – über den entsprechenden Rezepten.

Die Autorin

Cornelia Schinharl interessiert sich für alles, was mit Essen und Trinken zu tun hat. Seit über 15 Jahren bringt sie ihren Erfahrungsschatz als freie Food-Journalistin und Kochbuchautorin zu Papier. Ihr Ideenpotenzial scheint unerschöpflich; auch für diesen Ratgeber hat sie wieder eine Reihe von Kreationen entwickelt, die jeden Gaumen betören.

Der Fotograf

Kai Mewes ist selbstständiger Food-Fotograf in München und arbeitet für Verlage und Werbung. Sein Studio mit Versuchsküche befindet sich in der Nähe des Vikatualienmarktes. Die stimmungsvollen Bilder sind Ausdruck seiner Hingabe, Fotografie und kulinarischen Genuss zu vereinen. Das Foodstyling gestaltete Akos Neuberger.

Bildnachweis

Alle Bilder von Kai Mewes außer: S. 9 Foodfotografie Teubner

Hinweis

Die Temperaturstufen bei Gasherden variieren von Hersteller zu Hersteller. Welche Stufe Ihres Herdes der angegebenen Temperatur entspricht, entnehmen Sie bitte der Gebrauchsanweisung.

Redaktionsleitung:
Birgit Rademacker
Redaktion:
Stefanie Poziombka
Lektorat:
Adelheid Schmidt-Thomé
Korrektorat:
Mischa Gallé
Satz und Herstellung:
Verlagssatz Lingner
Layout, Typografie und Umschlaggestaltung:
Independent Medien Design, München
Herstellung:
Helmut Giersberg
Reproduktion:
Repro Schmidt, Dornbirn
Druck und Bindung:
Druckhaus Kaufmann, Lahr

ISBN 3-7742-5726-4

Auflage	5.	4.	3.	2.	
Jahr	2007	06	05	04	03

GRÄFE UND UNZER

Ein Unternehmen der
GANSKE VERLAGSGRUPPE

Das Original mit Garantie

Ihre Meinung ist uns wichtig. Deshalb möchten wir Ihre Kritik, gerne aber auch Ihr Lob erfahren. Um als führender Ratgeberverlag für Sie noch besser zu werden. Darum: Schreiben Sie uns! Wir freuen uns auf Ihre Post und wünschen Ihnen viel Spaß mit Ihrem GU-Ratgeber.

Unsere Garantie: Sollte ein GU-Ratgeber einmal einen Fehler enthalten, schicken Sie uns das Buch mit einem kleinen Hinweis und der Quittung innerhalb von sechs Monaten nach dem Kauf zurück. Wir tauschen Ihnen den GU-Ratgeber gegen einen anderen zum gleichen oder ähnlichen Thema um.

Ihr Gräfe und Unzer Verlag
Redaktion Kochen
Postfach 86 03 25
81630 München
Fax: 089/41981-113
e-mail: leserservice@graefe-und-unzer.de

GU KÜCHENRATGEBER

Neue Rezepte für den großen Kochspaß

ISBN 3-7742-4888-5

ISBN 3-7742-4908-3

ISBN 3-7742-5762-0

ISBN 3-7742-5723-X

ISBN 3-7742-5460-5

ISBN 3-7742-4889-3

64 Seiten, 6,90 € [D]

Das macht die GU Küchenratgeber zu etwas Besonderem:

- *Rezepte mit maximal 10 Hauptzutaten*
- *Blitzrezepte in jedem Kapitel*
- *alle Rezepte getestet*
- *Geling-Garantie durch die 10 GU-Erfolgstipps*

GU

Gutgemacht. Gutgelaunt.

GEWÜRZE VERWENDEN

- Zucchini und Auberginen vertragen kräftige Gewürze wie Cayennepfeffer, Chili, Kreuzkümmel und Paprika.
- Gewürze entfalten ihr Aroma in Fett besonders gut und entwickeln sich beim Garen oft noch intensiver.
- Gewürze zunächst vorsichtig dosieren, lieber später nachwürzen.

Geling-Garantie für Auberginen und Zucchini

FETT SPAREN

- Auberginen und Zucchini brauchen weniger Fett zum Garen, wenn man sie unter den heißen Grillschlangen grillt statt sie in der Pfanne zu braten.
- Auberginen saugen weniger Fett auf, wenn man sie bei mittlerer statt bei starker Hitze brät.

AUFBEWAHRUNG

- Auberginen im kühlen Keller oder der Vorratskammer, aber nicht im Kühlschrank, bis zu 1 Woche lagern.
- Zucchini im Gemüsefach des Kühlschranks bis zu 2 Wochen lagern.
- Beide Gemüse nicht mit äthylenhaltigen Lebensmitteln (Tomaten, Früchte) lagern.

FÜR EIN BÜFETT

- Gerichte wählen, die sich vorbereiten lassen und auch kalt schmecken.
- Je zur Hälfte Zucchini- und Auberginenrezepte aussuchen.
- Pro Person gut 100 g Brot einkaufen.
- Außerdem passen Salami oder Schinken, Oliven und Käse dazu.